JN439257

벼랑 끝으로 부메랑

국립중앙도서관 출판예정도서목록(CIP)

벼랑 끝으로 부메랑 : 오영미 시집 / 지은이: 오영미. -- 대전 : 지혜 : 애지, 2018
p. ; cm. -- (J.H classic ; 022)

ISBN 979-11-5728-280-7 03810 : ₩10000

한국 현대시[韓國現代詩]

811.7-KDC6
895.715-DDC23 CIP2018016899

J.H CLASSIC 022

벼랑 끝으로 부메랑

오영미

지혜

시인의 말

퇴화한 꼬리뼈가 문드러지도록
자꾸만 뒤로 넘어져
주저앉아 본 사람은 안다,
벼랑 끝이 얼마나 아득한지를.

허기진 배와
딛고 비빌 언덕,
돌아갈 길 없다는 것이
사람을 슬프게 한다.

숲이 병들어 아파할 때도
바다와 바람이 서로 등지며 외면할 때도
나를 지켜준 건 오직
시, 너 뿐이었다.

2018년 초여름
오영미

차례

2부

3부

4부

• 일러두기
한 연이 첫 번째 행에서 시작될 때는 > 로 표시합니다.

1부

자연을 토핑하다 해쉬브라운

나는 나무다 십자로 파열된 심장을 말아 큰 숨을 내뱉었다 숨 정지된 시간이 길었으므로 폐와 간 쓸개가 타버렸다

숨 막혀 솟을 뻔, 한눈도 팔릴 뻔, 그 뻔뻔한 순간이 지나고나니 어색한 웃음이 나왔다

나무들이 서서 누웠다 십자로 접힌 금으로 표시하고 서로의 눈인사를 마치고 뒤통수를 긁적였다 펜의 촉이 목을 겨눴다

여기는 감방, 그들이 밀어 넣은 규칙들이 마루를 미끄러져 갔다

나는 살아 있는 목숨인지 살아 있을 목숨인지 살아 있던 목숨인지 분간이 모호했다

산문과 운문을 비벼 껐다 동화와 소설이 나무를 칭칭 감았다 당신들은 나를 나무 위에 올려놓고 손질을 하지

폐와 간이 다 탔다니요? 쓸개가 빠졌다니요? 게다가 심장은 너무 어리고 눈이 총총하니 아직 멀었다니요?

>

나무는 두드렸다 문이 열렸으므로 들어갔다 세포를 타고 잉크가 울기 시작했다

문명 속으로 파고드는 이념들 번지는 속도는 불길보다 빠르게 수심을 파고들었다

물 위에 뜬 물고기와 바닷속 물고기의 눈이 모두 파랗다

파란 잉크보다 파란 파란을 일으켰다 구경꾼들아! 다시 감, 빵나의 속살은 감, 자

연못에도 물이 든다

땅바닥에 불이 구른다
오색의 이름으로 채색된 이 가을
불구가 된 아이의 눈을 어쩌나
연못에 거꾸로 눕는다

불덩이의 산이 통째로 빠진다
물은 그의 존재를 말없이 허락하고
몸이 식을 때까지 기다린다
온통 그을린 알몸이 드러난다

나무는 달아나지 않는다
햇살 수줍음에
발갛게 달아 뜨거워져도
나목으로 꿋꿋하게 버티는 아집

빛이 있는 한
언제나 물속에서 헤엄친다
나무는 숨지 않고
어둠 속에서 옷을 갈아입는다

모링가 잎이 흔들릴 때

얼룩진 혈관이
땅 위로 뒹굴고 있다

목마른 까만 잎
햇살을 받으면 따가웠다

마른 가지 위 기침은
뿌리 끝에서 뒤척였다

목구멍에 피는 열꽃으로
눈 감을 때

흰 눈의 적막 같은
심한 흔들림

우리 단지 이것을
이별이라 부를 수 있나

스페인 라만차에서

예고된 일들이 벌어지기까지
얼마나 많은 주삿바늘이
혈관 드나들며 혈액을 날랐던가

칼륨이 문제였다
신장 투석 환자들에겐
당뇨보다 칼륨 수치가 천적이다

할아버지 기고에 다녀와서
숨이 차다며 호흡이 멈춰졌고
119구급차에 실려 심박 정지 2분

심폐소생술 두 번
산소 호흡기를 의지한 채
응급실로 옮겨졌고

의식 없는 채로 온몸이 부어올라
중환자실에서 꼼짝 못 했던 순간들

깨어나야 할 시간이 훨씬 지났고

더 기대치가 없으니
준비하는 게 좋겠다고

호출의 시작은 지금부터
동생의 전보를 비행기에 싣고 가는 길

콘수에그라 풍차마을 골목으로
지나던 바람 모두 모여들었다

꾸물거릴 때 오히려

휘발유 냄새가 난다
조간신문이 테이블에 누워 있다
목 없는 헬멧이 천정을 향했다
물구나무서기를 한다
모든 호흡기는 반듯한 걸까
머리의 반은 헬멧 속에 있다
눈, 코, 입은 정상인가
타의적으로 감겨 있군
무언으로 우물거리는 입
헬멧의 끈이 조여 왔을 것이다
장갑과 목도리는 올이 풀려 있다
우리의 눈으로 그것들을 확인할 때
탁자 위 신문들이 벌떡 일어났다
나의 휴식은 목 없는 채로 처박히는 것
바닥에 뒹구는 유령의 조각들
신문 속 글자들이 거꾸로 걷기 시작했다
따라나서는 것은 나의 시작인가

성형외과

얼굴이 쭈글쭈글하거나 탱탱하거나

가슴이 늘어졌거나 오뚝하거나

젖꼭지가 꼼딱지든 솥뚜껑이든

뱃가죽이 처졌든 달라붙든

거기에 털이 있거나 없거나

엉덩이가 오리를 닮았는 마대자루를 닮았든

허벅지에 근육이 있거나 없거나

다리가 조선무든 단무지무든 무슨 상관인가

다 소용없다

그냥 무릎 한 번 탁!

심장이 뜨거워야 사람이다

클립스튜디오

그러니까 내가 이모 덕분에 태어났다는 거지
이모 아니면 세상에 존재하지도 않았다는 거지

결국 내 의지와 상관없이 눈을 떴다는 거고
그로 인해 지금의 내 모습은 타의적일 수밖에

평생 이모 눈빛을 보며 숨어야 했나
이제는 그늘에서 벗어나고 싶어

천천히 아주 천천히
거울을 봤으면 좋겠어

짙은 눈썹과 콧방울
얄따란 입술 위로 패인 인중이
온전히 내 것이었으면 해

누구로부터 전해져 오는 삶 말고
지금 이전의 모든 것들이
나를 지배하지 않도록 미끄러지고 싶어

>

조상의 은밀한 유전으로
내가 태어났으면 더 좋았을까를 생각해
그건 너무 인위적인 거 같아, 차라리

양귀비

하루 분량만큼

자라고 멈추는 성장통

피고 지는 나팔꽃보다

깊숙한 그늘로 파고들어

홑겹으로 분열되는 귀소 본능

검은 자궁 속에서

찬란한 생애가 격렬하게 마감되고

꽃잎 하나 매단 채 고개 숙인 리비도

잉태의 봉오리로

백치의 데자뷔가 이끄는 대로

나는 오늘도 라라를 꿈꾼다

뺏속까지 물 뼈

약 대신 휴식을 먹으라고 했다
물 없인 약을 먹지 못해
그녀는 임신했지만
화상으로 불면증이 있다
불에도 뼈가 있다
처음 두 줄의 선명한 선
두 사람의 뱀이었는데
잠들지 않는 또렷한 무늬로
뱃속에 물을 가득 채우고 있다
물의 뼈를 베어 무는 입
물의 혈관을 움켜쥔 손
"통화 가능해요?"
양수가 터질 때 엎질러진 물
뺏속까지 약물이 고였다
그것처럼 고요히 잠들 수 있을까
불이 물의 뺏속으로 들어가
뺏속까지 불의 뼈로

살라미식 말고 리비아식으로

꽁치를 먹다가 가시에 걸려
목 갈리는 줄 알았다

그냥 없었던 일로
모르는 거로
못 본 거로
안 들은 거로 하자네

그러니까 없었던 척
모르는 척
못 본 척
안 들은 척하자는 거지

그게 미세먼지 탓이었나?
가짜 뉴스 때문인가?
가상화폐 하락이 원인일까?

원한다고 다 허락되지 않아야 해
빌딩 숲이 늪으로 허우적거리고 있어

>

단지 거동이 불편한 거고
목이 아픈 거고
핵이 공중으로 올라간 거야

다른 거 없어
나의 천적이 나인 거고
꼴뚜기는 망둥이가 될 수 없는 거지

하필이면 저승꽃

바퀴로 배를 가른다
눈 속의 얼음처럼
투명하게 보이는 바닥이 나일까

출처 없는 바퀴들의 선
찍힌 발자국은 꽃으로 피어나고
그 무늬로 저승꽃을 찍었다

그것은 나와 상관없는 것인가
눈 속의 얼음이 눈의 물일까

눈 위에 동물들의 발자국이 있다
흔적을 남겨두는 건
기억하기 위한 것일 테지

나는 여전히 눈 속에 갇혀 있다
그렇다면 나는 바닥인 거지

눈 위에 누워 있는 한 켤레는
관 속의 발자국인가

>

선명하게 남겨진 표시들이
저마다의 목소리로 울고 있다

그해, 사월

제발 하늘에서 점지해 주길

늘그막에 삼신할머니가 보내주었다지

손녀가 폴짝거리며 뛰어다닐 즈음
사과 꽃 만발하면
이지러진 그믐달도 환하게 비췄어

그해 사월
그믐초승이었어

허공을 향해 뻗은 사과나무가
까맣게 말라갔지

바람으로 팔랑대는
초록 초록 잎잎 잎사귀들
그믐달이 먼저 수군거렸어

나무에 벌레들이 엄청 많았대
벌레는 꽃을 먹고 토하고를 반복하다가

나무껍질 속에 집을 지었대

그 벌레 때문에 불을 붙였다는 거야
그 후 사과 꽃은 피지 않았고
아이의 울음소리도 그쳤어

나를 표적 삼지 말아줘

무심코 낸 상처에서 하얀 피가 흘러

섬망

여자들이 어리광을 부렸다
키메라의 아이섀도보다 파란
눈을 흘기며
남자의 허벅지에 손금을 그었다
마른갈이 울퉁불퉁한
달팽이의 뼈보다 매끄러운
소리가 교차하자
논객 흉내를 내며
작은 논배미의 다랑이처럼
미간을 훑어대던 남자가 말했다
이제 그만 굿판을 벌입시다, 라고
여자들이 머리를 풀자
사자와 염소, 뱀의 꼬리에서
말이 쏟아져 물기둥에 달라붙었다
짚신벌레의 노폐물이 섬모 운동을 하며
여자들을 눕혔지만
마비된 지문이 굿판에 소용없듯
닳아 무딘 삶
빨아 흐려진 빨건 기억들

낮꽃

저절로 넘어지진 않았을 것이다
빙판 위에서 넘어지고
핸드백 속에서 튕겨 나온 것들을 주워 담는 것
립스틱과 마스카라 뫼비우스 알약
얼떨결에 모두 보고 말았다
누구에게 잘못했을 때 저랬을까
미안해할 때도 저런 표정이었을까
뒷사람이 걸어왔다
나는 분명 숨어서 훔쳐본 사람이었고
끝까지 움직이지 않았으니
그녀와 상관있는 관계자였다
뒷사람이 스치며 풍긴 향수
그녀의 팔꿈치를 일으켜 세우고
핸드백에 숨긴 낮꽃들을
한 잎씩 뜯어내기 시작할 때
나는 베이스클레프 악보처럼
둥둥거리는 음파로 빙판을 미끄러져 갔다

종탑성당에서 넘어지고

여기는 리스본 메리다
다이애나 신전으로 가는 길

공터 여기저기에서 고양이들이
저녁 회의를 하고 있다

낮에 포르투갈 종탑성당에서 넘어졌다
미사를 보는 의자의 발에 걸려서

성당 전체가 굉음으로 파장을 일으켰다
내부 관람객들의 시선, 아 쪽팔렸다

그날 밤,
성묘 한 마리가 왼쪽 어깨를 타고 올라왔고
조카가 아기 네 쌍둥이를 집안으로 데리고 와
이모네 집에서 키워야 한다고 했다

잠꼬대하는 나를 흔들어 깨우지 않았다면
고양이를 끌어 내리려 했을 것이고
네 쌍둥이 아기와 씨름하고 있었을 것이다

>

중환자실에서 위독하다는
의식이 깨어나지 않는다는

엄마를 못 보면
언니가 후회할지 모른다는 전보에
저절로, 별의 공항을 찾아갔다

2부

숲의 지느러미

나무가 자라서 어른이 되면 무슨 생각을 할까
너도 집안걱정 자식걱정 손주걱정으로 눈코 뜰 새 없는지
씨앗을 퍼트려 준 것만으로 감사하다고 생각하는지

나 혼자 이만큼 컸으니
걱정 말고 건강이나 잘 챙기라고

아프면 자식들이 힘드니까
절대 병들거나 넘어지면 안 된다고
신신당부를 하고 떠난다지

나무도 혼자는 외롭다
씨를 뿌리려거든
줄줄이 옹기종기 모여 살게 해다오

잎이 자라 지느러미가 되면
허공에서 헤엄치고
바다에서 날아다닐 수 있게 해다오

자라지 않는 나무의 숲

그 숲에선 지느러미도 자라지 않는다

어린나무가 애늙은이 되는 세상
천년의 나무로 떠나지도 못해

그나마 비바람 치는 날이
상처 난 잎 찰그락 거리는 유일한 숨통

내가 바다에서 헤엄치며 살고 싶다는 걸
아는 사람이 없네

트라우마

이제 작별을 고해야지
로드 킬 고양이를 보았다

빨리빨리만 외치며 달려왔던 고속도로

느릿느릿 달구지에 얹혀
풀피리 불며 눕는다

앞만 보고 걸었던 두 다리
뒤돌아보며 곁눈질도 하려 해

유년의 팽팽했던 욕심들
돈이라는 굴레에서 벗어나고 싶어

최소한의 식사와 소유
바람을 통과한 휴식

고양이들이 뒹굴며
장난치는 모습을 상상해

>

호들갑을 떨며 자랑하는 것도 지쳐

반짝이는 물비늘이 잠들면
낚싯대 드리우고 기다리는 우연

고장 난 시계를 풀고 악수한다

백 년도 더 산 감나무 가지가 쭉 찢어지자
묵은 감정들이 들꽃처럼 피어났다

내려놓으니 경이로울 것도 없다

연못 속

나는 대청 밑 흐르는 물입니다
내가 연못으로 뛰어들면
샘물과 개울물은
수로에서 뜨겁게 만납니다
부비고 섞이는 것이
벌건 대낮인데도 어색하지 않습니다
당신은 누워서 잠자는 시간이 없고
언제나 기둥에 기대 있거나 마루에 앉아 있습니다
모든 걱정과 시름은 나로 하여 씻을 수 있습니다
물안개 닮은 그늘진 표정
투영된 물 위로 나를 밀어 넣습니다
새들이 헤엄치고 구름이 물속에서 잠을 잡니다
물고기가 남간정사 지붕 위에서 꼬리를 칩니다
왕버들 낀 둥근 섬이 물고기와 짝짓기를 시도하며
가끔 파장을 일으키기도 하지만
투영된 얼굴이 일그러지는 일은 잠깐
고요해집니다
대청마루 밑 샘물은 아무가 되어
개울물을 바라보고 있습니다
그 속 세상처럼 말입니다

미투 미투 미투

나를 고발하라
나도 성추행 한 적 있다
가만히 생각하니
남자의 허벅지 만진 적 있고
엉덩이 툭 친 적 있는 것 같다
젖꼭지 건드린 적도
앞가슴 털을 쓰다듬었고
목덜미 주무르며
킬킬거렸던 적
그랬던 적 분명 있다
술을 마시고 취한 척?
아니다, 몽롱한 기분으로
입술 더듬은 적
블루스 춘다며
밀착시킨 몸으로 느낀 적
있었다, 서로 그런 적 없다면
혼자만 그런 적 있다면
미투가 아닌 것일까

어깨의 날개가 돋아나

그년이 그렇게 좋으면 나가!

가장 긴 부엌칼을 그의 얼굴에 들이대고 울부짖었다

나보다 더 좋은 년이 있으면 가서 살란 말이야!

날개가 그의 약을 챙겨주는 문자가 화근인 셈

별수 없는 보통의 여자로 변한 모습에 오열이 일었다

그는 날개가 여사친이라며 나를 미친년 취급했다

싫어, 내가 싫다는데 왜

무덥던 그해에 이혼 위기까지 갈 정도로 심각했었잖아

아버지가 난봉꾼이어서 넌더리가 나는 사람이야, 라며

나를 탓하는 발길질에 눈에서 피가 흘렀다

>

잠자던 6살 딸아이가 덩달아 울며 나에게 매달렸다

들고 있던 부엌칼을 감추고 딸 앞에서 척하며 웃었다

소연아, 아빠 배고프대 밥 먹자

지금 가장 힘들고 답답한 게 뭐냐고 그가 물었다

결혼 생활이 가장 힘들어, 내가 생각한 일이 아니야

배와 항구 사이, 밧줄의 웅얼거림은 잠수 중

코드네임 아웃

지아는 퇴근 시간에 상관없이
손님이 남긴 음식을 비닐봉지에 담았다
생선이며 잡채, 밑반찬까지 가리지 않았다
그러니까 핸드백 대신 커다란 가방이 필요했다

지아의 집 벽에 걸린 시계는
분침과 초침이 떨어져 있다
모두 미라처럼 영원할 것 같지만
가족이 느끼는 시간은 모두 달랐다

환한 게 싫어 불을 켜지 않는다
가느다란 빛 끝에 매달려
식당 주인 몰래 싸온 음식들을 꺼내 먹었다
매일 다른 메뉴를 먹는다는 것은 행운

맥심커피 노랑을 두 개씩 타서 마시는 습관
하루하루 증류된 생각들을 커피포트에 우겨넣고
마르고 닳도록 끓인다
그래야 뇌관이 진정을 한다

>

그날 지아는 퇴근을 하려 했고
사장은 가방 열어 봐, 하며 명령했고
하나씩 꺼내지는 비닐봉지
너는 지금부터 아웃!

낚싯배 위에서

원산도 초전항에서 시작된 뱃길

모두 문인들이 탔으니 문인선이다

햇살 바람 소리 물보라

오봉산해수욕장 백사장이 보이는 곳

배가 멈추자 모터 소리도 바다에 빠졌다

바다 한가운데 철렁 내려앉는다

밀물인가 보다, 배가 점점 백사장으로 향하는 것을 보니

백사장에 닿으려 하면 모터에 밥을 주었다

모터소리 따라 출렁거리는 시심

소주 한 병을 다 비우고 가수 현승엽이 노래를 불렀다

>

기타도 없고 반주도 없이

아니다 햇살이 기타가 되고 바람 소리 물소리가 반주되는

긴 머리 흩날리는 안경 너머로 그리운 바다* 원산도가 넘실거렸다

* 이생진 시인의「그리운 바다 성산포」를 인용함.

헛것

그녀가 입원한 열흘은 무의식
산소호흡기에 의존한 생명 연장

중환자실에서 일반 병실로 옮겨진 후
그녀의 기억이 요동치기 시작했다

간호사를 밀쳐내며 악을 썼다 주사액에 독극물을 섞었다고

욕을 하며 간병인을 돌려보내라 했다 매일 밥을 안 줘 굶긴다고

그가 다른 여자랑 바람나서 같이 등산 갔다가 다리를 다쳤다고도 했다

아기천사였다가 한가로운 오후가 되면 넋 나간 사람처럼 맨발로 돌아다녔다

그 거센 힘과 근력으로 난리를 피우면 아무도 말리지 못했다

그녀는 그만 보면 핸드폰을 마구 던졌다
피하려다 이마에 맞은 후

그는 면회 오면 그녀의 전화기 먼저 숨겨놓곤 했다

그녀는 그가 일부러 핸드폰을 빼앗아 숨겼다고 했다
왜 그런지 이유는 모른다고 했다
면회가 끝나고 모두 돌아가면 밤새 못 잔다

빗방울이 허공에 정지되어 있다
졸릴 때 눈 감으면 저기 있는 그 사람이
목 졸라 죽이려 해서 졸려도 참는다고 했다

장고도

최 선장 덕분에 장고도를 갔네
아우가 펜션을 한다네

핑계 삼아 가보고 싶었던 섬
장구처럼 생겼다 해서 붙여진 이름이라지
그런데 아니네! 긴 장, 옛 고, 섬 도라네

고대도 삽시도를 지나 암초가 보인다
해삼이 선착장 부두에 펼쳐져 있다

하얀 등대가
길고 좁은 해변이
초등학교와 교회, 염전이 보인다

섬에 어린이가 보인다 노인도 보인다
어린이가 있다는 건 젊은이가 있다는 것
그래서 장고도가 부자 섬인 거지

해삼만으로도 충분히 먹고 산다네
전복 바지락 개조개 장어 낙지

먹을 것이 많아 맛의 섬이라네

해삼과 해당화가 유명하여 해삼당화라 부른다지
해삼은 제주도 해녀들이 찾아와 채취할 정도라네

펜션을 하는 아우의 아내가 차려준 주꾸미 상
그곳에서는 소주를 대병으로 마신다네

베트남 아내와 두 번째 결혼하고
사남매의 자녀를 두고 있는데
막둥이가 기저귀 차고 뜀박질을 하고 있었네

코코

이불 위에 헤어볼
비엔나소시지 같은 네 덩어리 똥

저절로 굴러들어온 길냥이 깡마른 새끼다 내미는 손에 발을 주었다 경계하지 않았다 나 역시 의심하지 않았다 집으로 데려가 씻겼다 호피 모양의 털도 밀었다 고양이가 아니라 애완견 같았다 이름을 지어주자, 이제부터 너는 코코다

꼬리 끝이 네 단계로 꺾여 있다 누군가 일부러 그랬다고 어린 새끼를 학대했다고 잔인하다고 나쁜 인간이라고 중얼거리며 위로했다 불쌍한 것! 오른쪽 눈에서 눈물이 흘렀다 병원에 가서 종합검진을 받았다 엑스레이도 찍고

꼬리는 야생에서 생존 경쟁이었거나 사고당하고 치료를 받지 못해 생긴 증상이라는, 똥에서 충이 발견되는 것은 제대로 먹이를 먹지 못하였다는, 소화기능도 떨어져 한꺼번에 많이 먹이면 안 된다는, 식탐이 많지만 조금씩 자주 먹이라는 당부를 듣고 돌아오는 길에 코코의 얼굴을 바라보았다

눈이 마주쳤다 미움의 눈물인지 행복의 눈물인지 고마움의

눈물인지 오른쪽 눈에선 쉬지 않고 눈물이 흘렀다 고양이 안연고를 받아들고 차 안에서 약을 발라 주었다 효과는 미지수라는 수의사의 말이 웅웅거렸다 엄마가 널 책임져 줄 게 걱정하지 마라 코코

맛있는 사료와 신선한 물과 영양식의 간식들을 챙겨 주었다 깡마른 몸매에 배만 볼록한 모습이 귀여웠다 코코는 천성적으로 타고난 개냥이다 애교 소리도 많이 내고 잘 따랐으며 골골대며 꾹꾹이도 잘했다 다양한 야옹 소리로 나와 대화를 나누기 시작했다

나의 기분과 어조에 따라 코코의 목소리는 달랐다 수백 가지의 야옹 소리로 나를 위로했다 침대에 누워 자려면 목덜미까지 올라와 두 발을 모으고 나를 빤히 쳐다본다 팔베개에 머리를 부비며 능청을 떤다 아무 반응이 없으면 앞발로 얼굴을 쓰다듬는다 툭툭 건드리며 반응을 기다리는 코코가 자식 같다

사랑은 시작되었다 안아 주고 쓰다듬어 주고 간지럽히고 장난감으로 놀아 주고 눈물 닦아주고 응가하면 칭찬해 주고 화장실을 쾌적하게 청소해 주고 뽀뽀도 해 주고 대화를 했다 말귀 알아

듣는 코코가 사람보다 사랑스러웠다 어쩌면 앞서간 아이가 코코로 환생하여 내게로 온 듯 자꾸만 그런 생각이 들었다 그렇게 믿었다

이불 위의 헤어볼
찬호가 내 곁으로 왔다

내 속에 많은 나비가

뱃속에 수많은 나비가 가득 차 있어

좌우 대칭이 불완전한 나의 뱃속

그 뱃속은 유충들의 놀이터

부화된 가슴에 표본의 침 꽂을 텐가

날개에 묻은 비늘 털어 입속에 넣을래

나는 모시나비가 되었고

내 날개엔 빛이 없어

모나크가 되어 박주가리 독을 저장하리라

화려한 날개는 오므려 두기로

태엽처럼 감겨 있는 시간

>

그 배후로 쏟아지는 낱알들

발아된 씨앗 하나 물고 공, 공, 공, 공중으로

파티가 끝나고 술잔을 치울 때

파티가 끝나고 술잔을 치울 때
그때를 조심하라
흥에 겨운 시간은 지나갔다
기쁜 꽃과 슬픈 비의 날개가
테이블보를 들썩이게 하는 밤
주름진 커튼 사이로 밀착되는 깃발
까만 아가리는 알코올 온도보다 높은
허공에 달라붙어 펄럭일 것이다
무작정 쏟아 뱉은 말의 씨들이
너와 나 사이에 끼어
바닥으로 나뒹굴 때
슬픈 비를 맞고 자란 검은 꽃
웃음과 울음의 모자란 경계들
속보여 주고도
값싼 글자들로 북적이는 밤
슬픈 웃음으로
밥 같은 눈물 삼키며
지문의 립스틱 술잔을 치울 때
정녕 가슴에 묻어 둘 알약 하나 삼키라

화분

내 몸은 흙의 씨앗

봄비 한줄기 휘도는 밤

만삭을 하고도

잉태를 마다하지 않는 터

빈집에 달이 살았을까

씨앗이 꼬물거린다

지붕은 항상 뚫려 있어

대문 마루 없이

흙으로 채워진 방

쏟아진 달물 버무려

함께 거기 살자

사라고사

다를 게 없잖아 사라고사
마드리드에서 바르셀로나로 가는 길목
옛 아라곤 왕국의 수도라지
성령감림 전설이 살아 숨 쉰다지
세비야 톨레도와 함께 서고트 왕국의 중심지라지
바실리카 대성당 광장에서
자라고자 축제가 열리고 있었어
필러르 광장과 쇼핑 거리를 산책하는데
휴식 같은 음악이 골목을 채웠고
상인들과 인파들로 북적여
차차차 스텝을 밟게 했어
사라고사 붉은 스카프를 두르고
케세라세라 내가 중요하니까
나를 위해 쉬고 싶으니까
그곳 상점들은 씨에스타를 즐기지
휴식이 필요한 거지
이베리아반도와 한반도 뭐가 다르지?
나도 내 인생을 사랑하는 척
흔들리고 있는 거야

창구 여직원이 웃었다

보험을 해약하러 갔다 번호표 뽑고 기다렸다 기다리는 사람들이 많았다 표정들을 보았다 다들 골낸 사람들 같다 웃을 일이 없는 걸까 뒤통수가 불안하다

괜히 왔나 싶어 등짝을 오므렸다 아직도 갈등을 하고 있는 것이다 손해 보면서 깨부숴야 하는 심정이 바위에 부딪히는 달걀 같다

병원에서 떼 온 서류들을 만지작거리는 저 노인 푸른 정맥이 도드라져 튀어나오면 어쩌나 눈동자는 살아 있네 아직 살날이 많을 거야

고개를 숙였다 인감증명서와 주민등록표를 가지고 온 여자와 마주쳤는데 저절로 숙여졌다 그녀와 내가 아는 사이였나?

모른 척해도 될 사람인데 죄지은 사람처럼 왜 그랬을까 익숙하지 않아 이곳에서 의자에 앉아 순서를 기다리는 것 내 인생을 맡겼다가 빼앗기는 기분 자랑하고 싶지 않아 축소되는 상황들

그런가 봐 미래를 설계했다 포기하는 순간 손해라는 마그마가

마네킹으로 전환되는 기분, 여하튼 보험회사 창구는 만원이고 내 기분은 십 원쯤 땅에 떨어져 뒹굴어 다녔어

47번 손님! 꼭 쥔 손에서 번호표가 떨어지면서 두 발로 창구 앞으로 갔는데 가마솥 고기처럼 오그리고 앉아 있는 내게 하얗게 웃는 여직원

하얀 이 사이로 연기되어 날아다니기 시작했다

3부

데칼코마니

아스팔트 고인물이 튈 때
나는 인도를 걷고 있었고
쇼윈도 마네킹을 쳐다보느라
지나가는 너 지목하지 못했다

레인코트가 펄럭였고
스프라이트 셔츠에
도깨비 같은 얼룩이 박혔다

우산이 휘청
뒤집혔다 태풍
빨간 하이힐이 놀라기 시작했다

빗물은 보도블록에 끼거나
패인 구멍을 찾아 고였다
슬랙스를 입고 나올 걸

웅덩이마다 고여 있는 발목
구두 밑바닥으로
비릿한 화면을 밀착시키는
데칼코마니의 하루

도미노

그날도 비가 내렸어
컨테이너에서 울음소리가 들렸어
여자인지 아이인지 구별이 안 돼
가끔 남자의 음성도 들렸어
윽박지르는 것 같고
울부짖으며 하소연하는 것 같고
물속에서 퍼지는 음파처럼
선명하지 못한 불규칙적 폭력이었어
둔탁한 부딪힘이 밖으로 번져
손잡이에 손을 대고 말았어
물기를 돌려 손가락에 힘을 준 순간
헝클어진 머리의 여자가 튀어나왔어
이마에 묻은 피가
판화를 찍은 듯 딱지처럼 붙어 있었어
빨리 피하라고 어깨를 잡았지만
여자는 악령에 사로잡힌 듯
아니요 집에 못 가요 비가 와서
뒤따라 나온 남자도 나란히

그, 사이에 낀

유령의 안부를 묻고
유령의 표정을 살피고

꽃핀 난 화분을 옮겨 놓기까지
시간의 마디 길게 늘였지

봄이었어, 새봄

해묵은 국화의 새순을 위해, 목을
자르듯이 내 목을 자르는 봄

지나간 달력 위 곁가지들

사과나무에 사과가
화살나무에 화살이 꽂히기를

문을 열고
문을 닫고 쾅

그, 사이에 낀 어색한 손

>

절름거리는 입술에
출출한 맛을
–길들여 봐

고무줄바지

바지를 내리고도 끝까지 아니라고 그래도 성폭행은 아니라고 괴물이 아니라고 호기가 용기라고 제자들 앞에서 외신을 악용하고 시를 쓰겠다니요 어른이잖아요 문화 권력이 무서워요

도덕성과 정의로운 목소리를 높였던 정치권력 미투를 지지한다며 비서를 불러내 바지를 내리고도 부적절은 했어도 강제 추행한 것이 아니고 합의에 의한 성관계였노라고 변명을 하다니요

개인적 욕구 채운 적 없다고 호감으로 만나고 상호 동의하에 육체적 교감을 가졌다고 한번 대주지 그랬냐고 내 성기는 어떤 모양일 것 같냐니요 영화 예술 권력 악용으로 상습 성추행 더러워요

권력의 제왕 노릇에 노예처럼 부리며 여관에서 바지를 내리고 성기 주변을 안마하라고 촛불 치켜세우고 대선 때 대통령 찬조 연설한 연극계의 좌파 원로 뻔뻔하게 버티다 출국 금지라지요

동족의 씨앗이 저토록 썩어 있다
야누스 탈을 쓰고 아닌 척
추악하고 비겁한 사람들

권력으로 성을 지배한 자
가루 되어 사라져라
진보를 교란하는 작전이라고?
노란 핑계로 웃기지 마라
낮은 습도로 엎드린 납작이였고
바닥에 엉켜 있는 곰팡이였고
숨죽이고 살아온
검은 날들에 대한 기억이었다
경계를 박은 빨간 말뚝은 말이 없다

머그잔 손잡이가 내 귀

더 이상 프린터가 안 돼

책상 위 전화기는 꼬인 줄 만큼 앓고 있고

초침 없는 시계가 서쪽으로 기울려 해

어쩌다 비행기 똥이 허공에 선을 긋기도 하지

참새가 하늘로 비행하는 철없는 저녁

꼭지 없는 딸기가 말을 걸어왔어

프린터 화면에 배꼽 올려놓고 전송 버튼을 눌렀어

복사한 내 뱃속까지 보내고 싶었거든

고흐의 그림이 새겨 있는 머그잔에 붙은 나의 귀

전지가위로 묶은 곁가지를 자르기 시작했어

>

마른 생명으로 서 있는 것들에 대한 집착

생으로 밀어내는 꽃들의 순서 앞에 줄 서라

와르르 무너지는 소리로 베어지는 한쪽 귀

잎들의 입속으로

폐렴 증세로 쿨룩거리던 밤
은행나무가 중환자실로 옮겨졌다
여기는 은행나무 병실
마른 잎들은
젖은 채 매트 위에 쌓여갔다
모로 누운 은행의 눈은 감겼고
팔과 다리도 묶였다
씨알이 굵어야 제값을 받는다나
제 몸 마르는 줄 모르고
쿨룩대기만 했던 나무의 뿌리
떨어진 은행들의 신음
껍질에서 나는 독한 냄새
입과 코, 목까지 연결한 호스는 무균
은행나무 척추에서 사이렌이 울렸다
기침도 사라진 정적
환청처럼 은행이 열리기 시작할 무렵
젖은 잎들의 입속으로
걸어간 사람 있었다

원두 알로 점치다

커피 그라인더에 원두를 붓다
바닥에 뒹구는 원두 알을
줍다 생각하니
엎어진 김에
오늘의 운세나 점쳐 보자 싶어
홀수면 대박이라고 정했어
짝 짝 짝 짝… 홀
숨겨놓은 보물을 찾은 듯
괜히 설렜어
내친김에 개수도 세어 볼까
두 개씩 서른여덟, 그리고 하나
곱하기에 더하기를 하니
행운의 칠칠
이야, 오늘은 진짜
대박 날 일이 많을 것 같아
공실인 원룸, 쓰리 룸이 나갔으면
내놓은 토지도 매매가 이뤄졌으면
투고한 작품에 날개가 달린다면
이런 일들이
한 번에 왕창 이뤄지기를

바다목장 303호

저 바다가 보이는 언덕이
바다목장인 줄 알았다

전화벨이 울리면 포스 화면에 당신이 뜬다

사는 곳과 취향
추측 가능한 생활 리듬까지
고객 관리란 그런 것이다

포테이토를 좋아하는지
간장 맛을 좋아하는지
매운 양념을 좋아하는지

단, 이것은 손님과 가게 사이
단골일 경우 가능한 것

봄비가 새근거리며 잠들려 할 때
포스 화면에 묻는다
소주 한잔하려는데 뭐가 좋을까요?

>

아나운서 닮은 목소리에 촉촉한 말투
수화기에선 숨소리까지 귀에 닿는다

말끝을 흐리는 것조차
매력 있게 다가오는 남자

마치 같이 한잔해야 할 것 같은
순간 내가 그의 연인이 되고픈 착각도 잠깐

계속 걸려오는 전화를 받으며 또 다른 당신을 본다
포스의 화면은 이미 서쪽 모퉁이

퀘벡의 골목에서

밤이 낮을 보낼 수 있나

낮이 밤을 지울 수 있나

새가 유리창 속에 둥지를 튼다면

바람을 밀어 달이 서해에 멈춘다

겨울이 흔들릴 때 봄을 끌어당겨 봐

너와 나의 빈 액자에 고양이를 넣을 수 있나

아프다고 말하지 마

긴 시간은 진통제처럼 무뎌지는 것

슬프다고 생각하지도 마

네 목소리가 담배 연기로 흩어져 들리지 않는 것

>

술잔 출렁일 때 목젖을 열어 보라

취한 소리 엿듣게 되어도 귀 닫아 보라

사실 나도 이별했거든

고양이가 밤낮 날 쳐다보고 있거든

봄비

밤을 키우는 가로등

아이비와 담벼락이 다투는 시간

태양이 담금질한다

어둠으로 단단해지는 입

처음 울어버린 소리

잎보다 먼저 피는 꽃들

속도의 한계를 위반한 앙큼

나는 갈색 점막에 달라붙은 봄을

비의 기호로 깨물고 있다

온수보일러

너는 눈 뜨고 있고
나는 눈 감고 있어
한 뼘의 체온으로
쿨룩거리는 간격을 듣고 있지
밤새 끙끙거리는 물의 신음
섭씨의 끓는 온도가 막혔어
침대 밑으로 도망치는 아픈 수면
겨우내 수도꼭지에서 곪은 녹물이야
너는 뛰쳐나갔고
나는 비릿한 거품의 샤워를 했어
격자무늬 창에서 물이 흐르기 시작하면
별의 기침이 쏟아져 온몸을 찔러
성근 별일수록 마른기침이 심해
내 몸에 박힌 별이 물 되어 흐르는 방
너는 나를 눕혔지만
나는 눈을 감을 수 없어
각자 다른 주파수로
박힌 별의 수면을 깨워야 해
우리 그만 자자

원산도 바다가 죽도록 좋아

시인은 아흔 죽을 만큼 바다를 사랑해 취한 바다가 깬 아침 6시 종이 위 시어들이 원산도를 깨웠어 갈색 페도라가 문 열고 솔바다 갯바위가 안녕을 묻고 섬에서 섬을 잇는 휘파람 막걸리 한 잔으로 바다를 취하게 하지

아주 느린 악보로 연주되는 섬 시인의 숨소리는 들리지 않아 산책하며 주워 온 돼지감자 대를 빗질하는 햇살마루 끝에 앉아 깎고 있어 참 가볍고 튼튼해 아주 좋은 도구라며 신나게 웃는 모습이 아이 같아

돼지감자 지팡이가 아흔을 짚고 걸어가지 바다를 보면 환장한다는 말 날마다 바다를 취하게 하는 재주가 있어 송아지처럼 맑은 눈 하늘 떠도는 웃음소리 아흔에 십 년을 더해 백 살이 넘도록 웃었으면 좋겠어

문밖에 세워둔 돼지감자 지팡이 낮에 본 길고양이가 툭 치고 도망가는 걸 봤어 가벼운 몸짓의 고양이나 툭 하고 쓰러지는 돼지감자 지팡이의 무게가 우리를 웃게 해 난 쉰셋 나도 웃는 일 많은 바다가 죽도록 좋아

손님

그렇게 생각하시는군요
무례한 사람에게 웃으며 사과하라고
대꾸하고 싶지 않은 기분
동의할 수 없는 말 들어도
그렇게 하겠다고
살아남으려면 그렇게 하라는 거죠
분쟁을 피하고
부당함을 외면하고
불평하기보다는 공손하라는 조언
모두를 만족시키라는 거죠
죽은 꽃 살려내라는 거죠
무조건 복종하라는 거죠
갑질 손님도 왕이라고
돈 주고 사 먹으니까 왕처럼 대해 달라고
우리 상처의 거리 너무 먼데
그런 생각으로 사시는군요

마리네이드

너와 나는 취향이 같으니
키스부터 하자
서재에서 만년필을 가져와
스케치 노트 위에
초콜릿 녹인 소품을 뿌리자
신문의 이야기들로 꽉 찬 방
태블릿은 잠들었어
지금부터 영화를 찍는 거야

허기를 채우기 위해
달걀을 삶아야겠어
노른자가 약간만 익어야 해
덜 익은 노른자와
잘 익은 흰자의 간격
껍데기와 아침 식사는 서비스야
애매한 건 질색이니까
나를 단칼에 잘라줘

꾹꾹 거리는 소리
말랑거리는 그곳을 만져줘

왼쪽 말고 오른쪽
대답하지 않을 테니
되도록 질문은 하지 마
테이블에 깔린
식탁보의 명화처럼
불필요한 장식은 덮어버려

돌아온 봄처럼, 그녀

영안실 꽃 속의 액자가 툭 떨어졌다
사진 속 여자는 울지 않았다
바닥에 납작 엎드린 얼굴
가뒀던 유리가 깨졌지만
뿌려진 국화 위에서
파편의 소리로 계속 웃고 있다

처음 궁합 보러 갔을 때
점쟁이가 했던 말
불길한 저주가
돌아온 봄처럼 피어나
그녀의 부재를 축하하듯
늙은 나무에 망울로 매달려 있다

봄은 새로이 피어나는 게 아니라
돌아간 사람들의 영혼이
제자리로 돌아오는 것이라고
납작 엎드렸던 기억 두드려
봄 햇살 환한 웃음으로
생의 감각 마비시키는 행위라고

>

문상객과 남겨진 자의 간격을 보았다
암세포로 퍼진 꽃들이 만개했던 봄
한참 웃던 여자는 없지만
끊어지지 않는 속도로
점쟁이의 저주 풀기 위해
꽃 찾아 떠난 여자를 만나러 간다

4부

콘수에그라에서

오오, 스페인 콘수에그라
라만차 대평원 작은 마을 언덕 위
돈키호테 풍차 마을이 보인다
세르반테스의 소설,
그 언덕에서 사진 찍고 있다
돈키호테가 풍차를 보고
거인인 줄 알고 창으로 공격했다지
풍차의 몸통이 방앗간과 비슷하다
바람으로 곡식을 빻았다는 거지
언덕 위에서 보는 풍경들
놓칠 수 없는 것들을
스마트폰 앨범에 담았다
파란 하늘을 찍다가
마을의 초원 담아내다가
꽉 막히는 용량의 무반응
지난 것을 지우는 일
헌 옷을 옷장에서 꺼내듯
흑백의 말 비우고
난감치 않을 삶 백업한다

시계의 바다

시계에도 DNA가 있나 보다
태엽을 감아 밥 준다
시계 반쪽의 바다
원형의 우주로 떠도는 별
시침은 열
분침은 십
다이얼, 초침은 삼십팔로 멈추었다
손목 위에 각인된 해와 달, 별
내가 서 있는 그곳이 어디든
바다와 육지에서 흐르는
알람의 유전자
시간을 품고 하품하는
내 바다의 반쪽
다이얼은 고리를 놓지 못한다

잘 키우고 계시는가, 도둑님

지난가을 히어리를 훔쳐간 그 사람, 나는 알고 있어요

순수 토종 천연기념물이라며 황금송 님이 준 선물이죠

야생 나무지만 멸종 위기라네요

봄의 노래로 아침을 열었던 친구

누군가의 손에 뿌리가 뽑혀간 히어리

겨울도 그 사람과 지냈을까

하루를 맨 먼저 열어주었던 꽃

한동안 한참을

오가는 사람들의 주머니 주머니

그 속에서 꼼지락거리는 손가락 마디처럼

>

빈 화분의 가장자리에서 창밖을 주시하고 있었죠

노란 햇살 어지럼증으로 스쳐간 사람

CCTV 속 그 사람

그 사람이 창밖에서 나를 쳐다보네요

잘 키우고 계시는가, 도둑님

82년생 김지영과 90년생 김지훈 사이

미투가 산으로 가고 있는 걸까 나는 66년생 미투, 유투 어쩌란 말인가 나도 긴 소설을 써야 하나 불합리한 조건들과 불평등 조합들 내가 사는 이 나라 이 땅에서 살아온 게 억울하다고 82년생 김지영은 여성의 일상 속 성차별을 호소한다 90년생 김지훈은 남성이 당해 온 역차별 생채기를 미러링한다

66년생인 나는 할 말이 없다
큰 나무 그늘과 긴 의자가 필요하다
아픈 상처 치유해 줄 말들이여, 돌아오라

헐뜯지 않고 같은 눈높이로 바라볼 시선은 없나
아픈 목소리 들어줄 용기는 어디로 갔을까
나는 숫자로 표기되는 삶을 거부한다

비위 트는 봄
책임 떠넘기자고 고발하는 것이라 말하지
오래 참아 온 아픈 목소리라고 생각해

거짓말이고 위선이라고 비웃지 마
바뀌자는 거야 바꾸자는 거라고

서로 사랑할 용기를 얻는 거

거꾸로 거슬러 오르는 그것 여와 남, 어색하긴 하네

지금부터 나는 눈 귀 입을 봉한다

오직 시의 이력으로 모든 증거를 기록하기로

베네치아 칸초네

태양을 태운 곤돌라가
아드리아 바다를 그으면
물미역 냄새가 확 풍겨

물의 정거장 바포레토,
베네치아 수상 버스에서
찰랑 햇살이 쏟아져

두칼레궁전 광장이야
해물 파스타와 토스카나 와인으로
지중해의 아침을 느릿하게 즐겨

골목 사이 퍼지는 해그림자가
파스토랄로 매달려 있는 벽
물속에서 헤엄치는 파스텔

불 꺼진 창마다 별빛이 날아가 박혔어
가끔 물에 빠진 별을 건지며
나는 고양이들과 와인을 마셔

>

취한 베네치아의 밤을 베고 잠들었는데

탄식의 리알토 다리 밑 칸초네
곤돌라 낭만이 꺼진 파라솔
물의 도시 베네치아가 밤이 새도록 우우

액체괴물

치명적 우아함이거나
슬픈 내 마음속 저장 버튼이거나

아이들의 장난감이 된 괴물
그것이 폭발하면 변기를 산산조각낸다는데

말랑거리는 젤리를 반복적으로 주물럭거리는 서윤이를 바라본다 부드러운 촉감과 규칙적인 소리가 중독적이다 쭉쭉 늘어난 것을 다시 뭉쳤다 펴고 주무르다 포개고 손바닥으로 꾹꾹 누르고 원하는 모양을 만들었다 부수는 것은 순식간이다 액체괴물 위에 곤충들을 꽂아놓는다 나비가 박혀 있고 거미가 바퀴벌레가 꼼짝없이 짝 달라붙는다 나의 손에도 말랑 젤리를 목에도 얼굴에도 허벅지에도 괴벽처럼 달라붙는 액체 주인공은 나다 내가 원하면 다 된다 나를 보고 서윤이가 웃었다

거리를 걸으면서 꾹 누를 수 있는 말랑말랑
주머니 속에 뇌를 넣고 다니는 사람들

작년과 다른 봄이라고
춘분인 데 눈이 와서 춥다고

벼랑 끝으로 부메랑

더 이상 전화하지 마
이게 마지막이야
문을 닫아야 해
가져갈 게 있으면 챙겨 가
냉동고라도 갖다 써
그나마 아무것도 건드리지 못하게 될 거야
마지막 최선의 선택이니까
이해해 달라고 말하지 않을 게
이제 나는 신용불량자가 될 것이고
세상과 단절을 하게 될지 모르지
하루가 이렇게 까만 줄 몰랐어
어제와 오늘이 빨간 딱지 하나로 움직여
나에게 내일이 있다는 건 거짓말
발가벗긴 영혼마저 상실이야
빼앗겨도 억울하진 않아
속이 후련하다고 하면 믿을까
그냥 다 버리고 싶어
이렇게 벼랑 끝으로 내몰려 봐
아무 생각도 없어져
그렇다면, 다시 돌아가자

엄지물만두

오그리고 있어 아프겠구나
얼어 있어 추웠겠구나
쭈글쭈글 많이 늙었구나
옹기종기 모여 있어 덜 외로웠겠구나

동구 밖 산수유나무 꽃 지는데
스치는 바람에도 곰탱이가 짖어대는데
언 땅 뚫고 꼬물거렸던 수선화가 꽃망울 터뜨리는데
뜬금없이 물만두 먹고 싶다던 엄니

찐만두 왕만두 군만두 다 놔두고
엄지만 한 한 입 쏙 엄지물만두
물만두를 튀겨 먹어야 맛있다는 소원대로
기름 속에 풍덩 빠뜨렸다

제 몸 속살 투명한 저 태움
뜨거워서 어쩌나
얼마나 뜨거우면 달라붙었을까
움칫하며 환생하는 엄지물만두

>

어두운 터널 속 여행을 시작하는구나
추운 겨울 보내고 따스한 봄 맞는구나
죽어가는 사람 살려냈구나
잃었던 시간 되찾았구나

아라비카커피껌

– 졸린 그대 위해
나의 껌을 바치오니
좋은 껌 함께 해요

씹으신 껌은 종이에 싸서
휴지통에 넣어 주세요

정말 졸리다 주위를 두리번거리다 발견한 껌 껍질을 벗기는데 종이에 인쇄된 글귀들이 눈을 사로잡았다

제품 속 메시지로 마음을 전하세요라는 말이 예뻐서 포장 전체를 살피기 시작했다

포장 겉면 김이 모락모락 피어오르는 커피잔 사진에서 향기가 났다

아라비카커피껌을 씹으며 곰곰 생각하니 이렇게 고마울 수가

졸린 나를 위해 너의 껌을 바치다니 얼마나 고마운가

>

고맙다 좋은 껌 함께 하고말고

씹은 껌은 꼭 종이에 싸서 휴지통에 버릴 게

단물만 빼먹고 버리려니 미안하다

껌으로 커피를 마시다니

누군가도 나를 씹어 행복한 순간을 마실 수 있을까

원산도해수욕장

원산도해수욕장에서는
사계절 눈 밟는 소리 들을 수 있다

백사장 길 걸으며
뽀드득거리는 속삭임 만날 수 있다

하얀 융단 깔아 놓은 듯
조개껍질 밟으며 걸을 수 있는 화이트 카펫이다

빈 소라껍질 주워 귀에 대보시라
한창 몸부림으로 젊음을 태웠던 열정의 소리가 들린다

갖가지 껍질들이 모래에 박혀 있다
긴 해안선 따라 펼쳐진 조개껍질을 밟아 보시라

철 지난 바닷가에서 포근한 눈 밟으며 걷는 착각
여름에도 가을에도 봄에도

밟으며 소리를 듣다 보니 미안하다
뽀드득거리는 그 소리가 부서지며 저항하는 소리 같다

>

이제 그만 밟고 돌아가야겠다
바다에 버려진 껍질들도 아픔이 있겠구나

부서져 모래가 되기까지 얼마나 아팠으랴
큰 덩치의 텅 빈 소라 속은 또 어땠을까

그래서 제 몸 비우고 또 그렇게 우나 보다
원산도해수욕장의 그늘은 햇볕 반대로 숙여야 성글다

외출

죽어라 머리 감았는데
린스를 잊고 물기 닦다가
머리카락 뜯기는 소리에 얼굴이 화끈거릴 때

분홍 립스틱이 지워지지 않게
스웨터를 목에 넣자마자
브래지어가 툭 풀리는 불길한 징조

승용차 열쇠는 챙겼겠지 지갑에 카드도 있을 거야 메모지와 볼펜은 제자리에 있을까 부츠와 샌들은 트렁크에 있지 모자는 승용차 안에 있고 선글라스는 룸미러에 걸려 있으니까 됐고 장갑은 글로브 박스에 있을 테고 아, 목도리를 챙겨야지 밖에 나가서 걷게 되면 추울지 모르니까 미세먼지가 있다니 마스크도 챙길까 결정적으로 코트의 색이 안 어울리네 좀 화려하면 어때, 빨강으로 하자 이만하면 준비가 다 된 거지? 내려가자 어서 빨리 계단의 숫자는 지금 상관없어 약속된 시간이 가까워 와

너를 만나러 가기 위해 준비한 것들이야
찻집에 앉아서 너의 눈을 바라보는데
필요한 건 아무것도 없어

>

모든 상상과 준비는 이미 공중으로 날아가 버렸어
나오는 순간 아무것도 아닌 존재들
나의 기억과 기대를 꼼꼼히 공증해 주길 바래

합덕남자

혼자 흔들리게 놔두라

언 땅이 녹아
수선화 꽃 피울 때도
혼자 그렇게 이겨낸 거다

칼바람에 상고대 피던
소백산 비로봉에
철쭉이 피는 날도 그랬다

혼자 쓰러지게 놔두라

파시가 열리는 사월의 바다
어장에 몰려온
배들의 왁자지껄함을 보라

조류에 휩쓸려
안강망에 걸린 그놈의 꼬리에서
심해의 비애를 본다

>

혼자 흔들리다 쓰러지는 것들

쓰러졌다 벌떡 일어나는 것들이 뒤척이다, 총

나의 아저씨*를 보다가

파마머리 여인의 손가락질이 도로공사 마네킹 수신호처럼 규칙적이다

반백 머리 장년의 남자가 그 아래 무릎 꿇고 있다

녹록치 않은 살림에 도시락을 가지고 간 엄마가 그 모습을 본 거야

따뜻한 밥이 계단 모퉁이에서 식어갔다

마주칠까 숨죽인 발목에서 바람이 휘청거렸다

담벼락을 치면 붉은 물이 흘렀다

왔으면 얼굴이라도 보고 가지 그랬냐고 아들이 말했다

엄마는 꺼진 땅이 둥둥 떠오르는 것같이 웃어주었다

*tvN 드라마 제목.

몽상

철갑을 두른 사내가
검은 사다리를 타고 있다
얼굴은 하늘을 향해 있고
배낭과 철 모자 사이 목은 없다
팔은 갈퀴의 고리로 벌려진 채
고양이 발톱으로 사다리의 계단을 긁고 있다
허공에 매달린 사다리는 직각보다 15도 기울었다
다리를 올려 사다리의 한 변을 밟았다
사각 변의 길이가 달랐다
휘어진 사다리의 간격은 단 네 칸
사내는 두 번째 칸에 발을 디뎠지만
더 이상 오를 수 없다
철갑의 각도는 모두 직각이고
목이 없으므로 위를 바라보지 못했다
착지하지 못하고 공중에 매달린 사내
배낭 속 흰 보자기를 꺼낼 수만 있다면
붙들고 있는 것들을 놓고
비밀 같은 코스모스에서 유영할 텐데
허상을 좇는 무리에게
바람의 중력은 존재하지 않는다

깨알 가득 유언을 담아 놓다

심장이 멈춰도 엠블런스를 부르지 말 것

튜브로 영양 공급하는 것을 하지 말 것

의식이 없을 때 산소호흡기로 연장하지 말 것

나을 가망이 없는 질병으로 고민하지 말 것

견딜 수 없는 고통에 시달리는 것을 보고 있지 말 것

병원 말고 고요한 집에서 조용히 죽게 할 것

주변 사람들에게 절대 알리지 말 것

슬픔과 애도의 마음을 눈물로 보이지 말 것

죽거든 화장으로 넓은 바다에 유골을 뿌려줄 것

절대 안락사가 아닌 존엄사로 생을 마감하게 할 것

>

하시다 스가코*의 남에게 폐 끼치기 전 죽는 방법 정도는 스스로 고를 수 있어야 한다는 인터뷰를 보았다 내 삶도 정리를 해둬야겠다고 생각했다 이것들을 지키기 위해 나는 최소한의 예의를 기억하련다 내가 죽는 방법들의 기준을 세워 선택하게 하고, 죽음이 오는 날 아무도 모르게 하늘로 소풍 가고 싶다

* 일본 드라마 '오싱' 작가.

해설

죽음을 넘어 삶을 여는 시의 여정

오홍진 문학평론가

죽음을 넘어 삶을 여는 시의 여정

오홍진 문학평론가

오영미 시인은 환상과 현실의 경계에 서 있다. 환상은 현실 너머를 지향한다. 현실에서는 보기 힘든 것을 시인은 환상 속에서 본다. 이를테면「연못에도 물이 든다」에서 시인은 "오색의 이름으로 채색된 이 가을" 단풍을 강렬한 이미지로 표현하고 있다. "땅바닥에 불이 구른다"는 시구에 나타나는 대로, 시인은 가을 단풍에서 불에 "온통 그을린 알몸"을 본다. 불덩이가 된 산을 계곡물이 어루만져준다. 불이 붙은 나무들 또한 제자리에 그대로 서서 뜨거운 불기운을 받아들이고 있다. "연초록 수줍음에서/ 발갛게 달아 뜨거워져도/ 나목으로 꿋꿋하게 버티는 아집"으로 시인은 색색으로 물든 가을 나무를 이야기한다. 사방에 불길이 일렁이는 상황에서도 나무는 숨지 않는다. 다만 "어둠 속에서 옷을 갈아입"을 뿐이다. 단풍은 죽음으로 가기 직전 나뭇잎이 피어 올리는 마지막 희열이라고 하던가? 발갛게 달아오른 대지에서 마지막 생명을 불태우는 광경을 시인은 환상과 현실의 경계에서 세심하게 들여다보고 있는 셈이다.

시적 환상은 관념이 아니다. 관념이 구체성을 동반하지 않는다면, 환상은 구체성을 밑바탕으로 하여 이루어진다. 요컨대 환상은 현실에 근거하여 현실 너머를 본다. 돌려 말하면 환상은 현실 너머로 나아갔다가는 이내 현실로 되돌아오는 특성을 지니고 있다. 오영미 시에 나타나는 환상은 이런 점에서 우리가 발 딛고 있는 현실과 밀접하게 이어져 있다. 「하필이면 저승꽃」에는 바퀴로 배를 갈라 투명한 바닥을 내보이는 시적 화자가 나온다. 바퀴 자국은 저승꽃으로 피어난다. 저승꽃이라고? "출처 없는 바퀴들의 선"이라는 시구를 참고하면, 화자는 지금 눈이 내린 도로가에 있는 듯싶다. 눈 위에 동물들의 발자국이 찍혀 있고, 화자는 어딘지도 모를 곳에 갇혀 두려움에 떨고 있다. 변두리 국도 어디쯤에서 화자는 갑작스레 나타난 동물 때문에 놀란 모양이다. 차는 동물을 피하느라 바퀴 자국을 눈 쌓인 도로에 짙게 남겼다. 화자는 화자대로, 동물은 동물대로, 바퀴는 바퀴대로 남긴 흔적들을 시인은 보고 있다 "저마다의 목소리로 울고" 있는 그 흔적들을 보며 시인은 삶 너머에서 피어나는 저승꽃을 환상으로 그려내고 있는 것이다.

나무가 자라서 어른이 되면 무슨 생각을 할까
너도 집안걱정 자식걱정 손주걱정으로 눈코 뜰 새 없는지
씨앗을 퍼트려 준 것만으로 감사하다고 생각하는지

나 혼자 이만큼 컸으니

걱정 말고 건강이나 잘 챙기라고

아프면 자식들이 힘드니까
절대 병들거나 넘어지면 안 된다고
신신당부를 하고 떠난다지

나무도 혼자는 외롭다
씨를 뿌리려거든
줄줄이 옹기종기 모여 살게 해다오

잎이 자라 지느러미가 되면
허공에서 헤엄치고
바다에서 날아다닐 수 있게 해다오

자라지 않는 나무의 숲
그 숲에선 지느러미도 자라지 않는다

어린나무가 애늙은이 되는 세상
천년의 나무로 떠나지도 못해

그나마 비바람 치는 날이
상처 난 잎 찰그락 거리는 유일한 숨통

내가 바다에서 헤엄치며 살고 싶다는 걸

아는 사람이 없네

—「숲의 지느러미」 전문

환상 속에서 현실은 흐물거리는 사물이 되어버린다. 환상은 현실에 뿌리를 두고 있지만, 그 뿌리는 결코 단단하지만은 않다는 얘기다. 위 시에서 시인은 "나무가 자라서 어른이 되면/ 무슨 생각을 할까"라는 질문을 던진다. 정해진 답이 없는 질문이다. 정해진 답이 없으므로 이 시를 읽는 이들은 다양한 양상으로 자기 생각을 뻗친다. 시인은 잎이 자라 지느러미가 되는 나무를 꿈꾼다. 잎과 지느러미가 갑작스레 만나 나무면서 물고기인 새로운 대상을 만든다. 나무면서 물고기인 이 생명은 "허공도 날아다니고/ 바다에서 헤엄"도 친다. 나무면서 새이고 물고기인 이 대상을 우리는 어떻게 받아들이면 좋을까? 시인은 "자라지 않는 숲"을 이야기한다. 그곳에 있는 나무들은 지느러미가 자라지 않는다. "어린 나무가 애늙은이 되는 세상"이라는 시구에 드러나는바, 시인은 환상이 사라진 현실을 부정적으로 인식하고 있다.

환상이 사라진 세상에서는 "그나마 비바람 치는 날이/ 상처 난 잎 찰그락거리는 유일한 숨통"이 될 뿐이다. 지느러미를 달고 허공을 나는 나무가 여기에는 없다. 애늙은이가 된 어린 나무는 비바람 치는 날이 되어야 그나마 숨통을 틔운다. 시인은 "내가 바다에서 헤엄치고 살고 싶다"고 선언한다. 지느러미를 단 나무처럼 시인은 나무=물고기가 되어 바다에서 마음껏 헤엄치는 꿈을 꾼다. 지느러미 달린 나무는 곧 시인이 지향하는 존재와 다르지 않다. 숨통을 조이는 현실에서 벗어나 시인은 지느러미를 타고 허공 속으로 날아오르려 한다. “고장 난 시계를 풀고”(「트라우마」) 허공을 나는 사람의 마음이 느껴지는가? 「트라우마」에서 이 마음은 “고양이들이 뒹굴며/ 장난치는 모습을 상상”하는 장면으로 묘사된다. 시계에 얽매이면 알 수 없는 세계로 가기 위해 시인은 손목에 찬 시계를 과감히 푼다. 시간 밖으로 나가는 순간 환상이 펼쳐진다. “내려놓으니 경이로울 것 없다”(같은 시)는 진술로 시인은 시간과 마주한 존재의 지극한 마음을 강렬하게 표현하고 있다.

고장 난 시계를 풀어 헤치고 시인은 “대청 밑 흐르는 물이”(「연못 속」) 된다. 「연못 속」이라는 시에는 연못 속으로 뛰어들어 샘물과 개울물이 수로에서 뜨겁게 만나는 장소로 나아가는 존재가 등장한다. 물속에서는 새들이 헤엄치고, 구름이 잠을 잔다. “물고기가 남간정사 지붕 위에서 꼬리를” 치기도 한다. 물속 세상은 물 밖 세상과 이어져 있다. 새들은 물속에서 헤엄치고 물고기는 물 밖에서 꼬리를 친다. “물안개 닮은 그늘진 표정”으로 대청마루 밑 샘물로 뛰어드는 이 인물을 묘사함으로써 시인은 현실 너머 환상 세계로 가는 길을 연다. 이곳에서는 시간이 아주 빠르거나 느리게 흐른다. 시간이 흐르지 않는다고 말해도 상관없다. 흐르면서 흐르지 않는 샘물을 떠올리면 어떨까? 안에서는 요동을 치지만, 밖에서 보면 한없이 고요해 보이는 이 연못=샘물을 들여다보며 시인은 “모든 걱정과 시름”을 아낌없이 쏟아낸다.

뱃속에 수많은 나비가 가득 차 있어

좌우 대칭이 불완전한 나의 뱃속

그 뱃속은 유충들의 놀이터

부화된 가슴에 표본의 침 꽂을 텐가

날개에 묻은 비늘 털어 입속에 넣을래

나는 모시나비가 되었고

내 날개엔 빛이 없어

모나크가 되어 박주가리 독을 저장하리라

화려한 날개는 오므려 두기로

태엽처럼 감겨 있는 시간

그 배후로 쏟아지는 낱알들

발아된 씨앗 하나 물고 공, 공, 공, 공중으로

— 「내 속에 많은 나비가」 전문

뱃속을 채운 수많은 나비들은 "태엽처럼 감겨 있는 시간"들에

휩싸여 있다. 시 제목이 암시하는 대로 시인은 "내 속에 많은 나비"들에 관심을 쏟고 있다. 내 속에 많은 나비들은 무엇을 의미할까? 시인은 나비가 되어 먼 여행을 떠나려고 한다. 가슴에 묻어 둔 수많은 나비 유충들이 부화하는 순간 여행은 비로소 시작된다. 사방으로 나비가 날아오른다. 태엽처럼 감긴 시간들 배후로 시인은 나비가 이 세상에 퍼뜨리는 낱알들을 목격한다. 발아된 씨앗 하나 물고 나비들은 이곳과는 다른 세계로 날아간다. 나비가 만끽하는 자유는 시간의 배후에서 이루어진다. 정확히 말하면 자유는 시간 밖으로 기꺼이 나아가는 존재만이 느낄 수 있다. 시간 속에 갇힌 나비들을 풀에 헤침으로써 시인은 우리네 삶을 옥죄는 시간 밖으로 발아된 씨앗들이 날아오를 계기를 마련한 셈이다.

발아된 씨앗은 그러므로 자유를 상징하는 기호라고 할 수 있다. 나비는 부드러운 날갯짓으로 견고한 시간에 수많은 구멍을 낸다. 장자莊子가 꾼 나비 꿈이 왜 지금도 우리 입에 오르내리겠는가? 장자는 나비가 되어 훨훨 나는 꿈을 꾸었다. 독수리처럼 호쾌한 날갯짓도 아니고, 매처럼 매서운 날갯짓도 아니다. 장자는 나비처럼 연약한 존재가 되어 부드러운 날갯짓으로 고요하게 허공을 날았다. 나는 듯 날지 않고, 날지 않는 듯 나는 나비의 몸짓으로 장자는 끝없는 욕심에 치우쳐 광기狂氣에 빠진 영웅들을 안타깝게 바라보았다. 영웅들이 시간을 자기 것으로 만들기 위해 사투를 벌였다면, 장자는 시간 밖으로 나비가 되어 날아오르는 삶을 선택했다. 전자가 필연적으로 전쟁=폭력을 동반한다면, 후자는 폭력과는 무관한 세계를 지향한다. 공중으로 날아오른 나비들이 흩뿌리는 낱알들은 이리 보면 전쟁=폭력이 지배하는 세계에 여기저기 구멍을 내려는 시적 기획으로 해석될 수 있다고 하겠다.

사실 폭력이 난무하는 세계를 향한 비판의식은 오영미의 이번 시집을 관류하는 특징이기도 하다. 「도미노」에는 남편에게 매 맞는 여자가 등장한다. 한 남자가 윽박지르는 소리와 울부짖으며 하소연하는 한 여자의 울음소리가 컨테이너에서 흘러나온다. "둔탁한 부딪힘이 밖으로" 번진다. 머리가 헝클어진 여자가 문 밖으로 튀어 나온다. 이마에 판화를 찍은 듯 피딱지가 선명하게 붙어 있다. 악령에 사로잡힌 것 같은 여자는 "집에 못가요"라는 말만 되뇐다. 제 어깨를 잡은 것도 모를 정도로 여자는 두려움에 떨고 있다. 추적추적 비가 내리는 날이다. 지옥이 따로 있을까? 빗속에서 남편에게 매 맞는 여자를 상상하는 일만으로도 우리는 이 사회에 짙게 드리워진 폭력의 그 끔찍한 그늘을 느낄 수 있을 것이다.

「코드네임 아웃」에는 손님이 남긴 음식을 비닐봉지에 담아가 끼니를 잇는 여인이 나온다. 핸드백 대신 커다란 가방을 들고 식당에 출근한 여인은 "생선이며 잡채 밑반찬까지" 사장 몰래 담아와 가족들과 먹는다. "환한 게 싫어 불을 켜지 않는다"는 시구로 시인은 고단한 삶에 지친 여인의 마음을 드러내고 있다. 어느 날 퇴근하는 여인을 사장이 불러 세우고는 가방을 열어보라고 명령한다. 음식을 담은 비닐봉지를 확인한 사장은 이내 "너는 지금부터 아웃!"이라고 외친다. '아웃'은 여인에게 죽음과 다르지 않은 말이다. 여인이 아웃되면 여인의 가족 또한 아웃이 된다. 여인이 처한 상황을 전혀 고려하지 않는 사장의 마음이 무섭기만 하다. 사장에게 여인은 음식을 몰래 훔치는 도둑일 뿐이다. '도둑'이라는 말 한 마디로 사장은 여인을 규정해버린다. 가난이 곧 범죄로 인식되는 사회는 이미 사회로서 그 기능을 상실했다고 해도 무방하다.

> 그렇게 생각하시는군요
> 무례한 사람에게 웃으며 사과하라고
> 대꾸하고 싶지 않은 기분
> 동의할 수 없는 말 들어도
> 그렇게 하겠다고
> 살아남으려면 그렇게 하라는 거죠
> 분쟁을 피하고
> 부당함을 외면하고
> 불평하기보다는 공손하라는 조언
> 모두를 만족시키라는 거죠
> 죽은 꽃 살려내라는 거죠
> 무조건 복종하라는 거죠
> 갑질 손님도 왕이라고
> 돈 주고 사 먹으니까 왕처럼 대해 달라고
> 우리 상처의 거리 너무 먼데
> 그런 생각으로 사시는군요
>
> — 「손님」 전문

'아웃'이 지배하는 사회에는 타자가 없다고 해도 이상하지 않다. 타자란 배려해야 하는 대상을 가리킨다. 내 맞은편에 있는 존재를 단순히 '타자'라는 말로 얼버무릴 수는 없다는 말이다. 배려가 없는 사회에서 타자를 향한 올곧은 인식이 생겨날 리 만무하다. '손님'이라는 단어만 해도 그렇지 않은가? 자본주의 사회에서 손님은 이익을 주는 존재를 일컫는다(손님은 이익을 주는 존재이기 때문에 왕이다). 이익이 되면 배려(?)해야 할 손님이고, 이익이 되지 않으면 관심조차 줄 필요가 없는 사람일 뿐이다. 남은 음식을 비닐봉지에 싸간 여인을 사장이 전혀 배려하지 않는 이유는 무엇인가? 자신이 여인보다 우위에 서 있는 걸 사장은 잘 알고 있기 때문이다. 사장과 여인은 평등한 관계가 아니다. 사장은 여인에게 돈을 '주는' 입장에 있다. '돈'이라는 맥락에 갇히는 순간 여인은 사장에게 저항하기 힘든 약자로 호명되는 것이다.

위에 인용한 「손님」이란 시에서 시인은 살아남으려면 "무례한 사람에게 웃으며 사과하라고" 이야기하는 손님과 마주하고 있다. '무례한 사람'은 물론 돈이 많은 사람이다. '갑질'이라는 말이 유행할 정도로 우리 사회는 이미 돈으로 갑을甲乙 관계가 형성되어 있다. 돈이 있으면 갑이고, 돈이 없으면 을이다. 돈이 있으면 무례해도 상관없고, 돈이 없으면 무례한 사람을 웃으며 대하는 처세라도 있어야 한다. 말 그대로 가식假飾이 우리 사회를 지배하고 있다. 성공하기 위해서 "분쟁을 피하고/ 부당함을 외면하고/ 불평하기보다는 공손하라는 조언"을 우리는 당연하듯 받아들인다. 무전유죄, 유전무죄는 돈이 지배하는 세상에서는 변할 수 없는 진리이다. 사람들이 왜 돈을 버는 데 혈안이 되어 있을까? 돈이 곧 권력이고, 진리이기 때문이다. 자본주의는 돈을 움직이는 손님들이 왕으로 대접받는 사회이다. 왕이 되고 싶으면 돈을 벌라고 자본주의 옹호론자들은 외친다.

그런데, 아무리 열심히 일을 해도 일반 사람들은 돈을 벌기 힘들다. 간혹 '서민갑부'라는 말이나 '서민부자'라는 유행어들이 매스컴에서 흘러나와 사람들을 혼란스럽게 하지만, 거기에는 부지런한 사람만이 부자가 되는 거라는 허위가 사실인 듯 담겨 있다. 개천에서 용이 나오는 시대가 지났는데도, 사람들은 여전히 개천에서 용이 되는 꿈을 꾼다. 매스컴이 사람들의 들뜬 희망에 불을 지핀다. 빈부 문제가 개인 문제로 탈바꿈하는 이 지점에서 자본주의는 무한 경쟁이 진리가 되는 혼탁한 세계로 더 깊이 빠져든다. '아웃'되지 않으려면 무한 경쟁의 사회에 적응해야 한다. 철학자 한병철이 「피로사회」에서 말한바 그대로 우리는 지금 죽음으로 가는 문턱에 서서 우리 몸을 소진시키고 있다. 아웃이 되어도 죽고, 몸을 소진해도 우리는 죽는다. 어떻게 해야 이 상황으로부터 우리는 벗어날 수 있는 것일까?

> 나의 기분과 어조에 따라 코코의 목소리는 달랐다 수백 가지의 야옹 소리로 나를 위로했다 침대에 누워 자려면 목덜미까지 올라와 두 발을 모으고 나를 빤히 쳐다본다 팔베개에 머리를 부비며 능청을 떤다 아무 반응이 없으면 앞발로 얼굴을 쓰다듬는다 툭툭 건드리며 반응을 기다리는 코코가 자식 같다

사랑은 시작되었다 안아 주고 쓰다듬어 주고 간지럽히고 장난감으로 놀아 주고 눈물 닦아주고 응가하면 칭찬해 주고 화장실을 쾌적하게 청소해 주고 뽀뽀도 해 주고 대화를 했다 말귀 알아듣는 코코가 사람보다 사랑스러웠다 어쩌면 앞서간 아이가 코코로 환생하여 내게로 온 듯 자꾸만 그런 생각이 들었다 그렇게 믿었다

—「코코」 부분

66년생인 나는 할 말이 없다
큰 나무 그늘과 긴 의자가 필요하다
아픈 상처 치유해 줄 말들이여, 돌아오라

헐뜯지 않고 같은 눈높이로 바라 볼 시선은 없나
아픈 목소리를 들어줄 용기는 어디로 갔을까
나는 숫자로 표기되는 삶을 거부한다

—「82년생 김지영과 90년생 김지훈 사이」 부분

위 시에 나오는 '길냥이' 코코와, 82년생 김지영, 90년생 김지훈은 우리 사회가 처한 현실을 에둘러 보여주는 존재들이다. 코코는 인간에게 학대당한 새끼 고양이이다. 주인 없는 야생 고양이로 이리저리 헤매다가 꼬리 끝이 네 단계로 꺾이는 폭력을 당했다. 82년생 김지영은 가부장제 사회를 여성으로 살아가는 게 얼마나 힘든지 보여주는 인물이고, 90년생 김지훈은 가부장제 사회에서는 여성뿐 아니라 남성도 살기 힘들다는 걸 드러내는

인물이다. 코코로 대변되는 동물 학대의 밑바탕에는 인간중심주의라는 사상이 짙게 깔려 있다. 인간중심주의는 인간을 중심에 세우는 논리이다. 인간을 위해서라면 동물쯤 괴롭혀도(심지어는 죽여도) 상관없다는 논리가 여기에는 스며들어 있다. 김지영이 가부장제를 향해 퍼붓는 성토에는 무엇보다 남자=인간을 중심으로 생각하는 이러한 논리에 대한 비판의식이 담겨 있다. 가부장제는 남성('남성'을 생물학적 남자로 한정할 필요는 없다) 권력이 지배하는 사회이다. 최근에 일어난 미투Me too 운동도 궁극적으로는 가부장제 권력에 피해를 입은 여성들의 자각에서 비롯된 것이라고 하겠다.

90년생 김지훈은 "남성이 당해온 역차별 생채기"를 내보이고 있다. 가부장제에서 여성만 차별받는 게 아니라면, 남성과 여성은 같은 입장에 처해 있는 게 된다. 묘한 건 김지영과 김지훈을 우리 사회는 '대립관계'로 바라보고 있다는 점에 있다. 사회적 성gender 문제가 생물학적 성sex 문제로 대치되어버린다. 김지영과 김지훈 문제는 사회적 성차별과 연관되어 있다. 생물학적 차원으로 돌릴 문제가 아니라는 얘기다. 왜 이런 일이 벌어지는 것일까? 김지영과 김지훈은 타자로서 서로를 인정하지 않기 때문이다. 김지영에게 남성이 가부장제를 지탱하는 힘=권력이라면, 김지훈에게 여성은 차별 논리로 도리어 남성을 '차별'하는 야누스와 같은 존재들이다. 이들은 '가부장제'가 강자의 논리를 충실히 따르는 체제라는 걸 잊고 있다. 가부장제는 남자들이 만든 구조가 아니다. 가부장제라는 권력에 눈이 먼 강자들이 만든 지독한 사회구조이다.

우리 시대를 사는 김지영과 김지훈에게 부족한 것은 무엇일까? 길고양이를 다룬 「코코」에서 시인은 타자를 향한 아낌없는 사랑을 이야기하고 있다. 타자에 대한 사랑은 '환대'라는 말로 돌려 말할 수 있다. 환대는 대가를 바라지 않고 타자에게 사랑을 베푸는 것이다. 시인은 인간에게 상처를 입은 코코를 사랑으로 대한다. 사랑과 상처 사이에 드리워진 간극을 지우기 위해 시인은 코코에게 온갖 정성을 기울인다. "앞서 간 아이가 코코로 환생하여 내게로 온 듯 자꾸만 그런 생각이 들었다"라고 말할 정도다. 김지영과 김지훈이 만나는 자리에는 바로 이러한 사랑이 부재한다. 당연한 말이지만 시인에게 고양이는 정복해야 할 대상도, 싸워 이겨야 할 대상도 아니다. 이것이 그녀가 고양이를 사랑으로 대하는 이유이다. 가부장제라는 구조에 익숙한 사람들에게 가장 부족한 것이 사랑하는 마음이라는 걸 우리는 여기서 정확히 인지할 수 있을 것이다.

「엄지물만두」를 참조한다면, 사랑은 상처 입은 대상을 '아프게' 바라보는 마음에서 뻗어 나온다. 엄지물만두를 보면 시인은 쭈글쭈글 많이 늙은 어머니를 떠올린다. "언 땅 뚫고 꼬물거렸던 수선화가 꽃망울 터트리는 날" 어머니가 뜬금없이 물만두를 먹고 싶다고 한다. 엄지손가락만 해서 한 입에 쏙 들어가는 엄지물만두를 시인은 어머니 뜻대로 기름이 튀긴다. "제 몸 속살 투명한 저 태움"에 표현된바, 엄지물만두는 뜨거움에 제 몸을 한없이 움츠린다. "움칫하며 환생하는 엄지물만두"를 보며 시인은 어둔 터널 속을 빠져나와 따스한 봄을 다시 맞는 어머니를 상상한다. 엄지물만두 하나로 어머니는 잃었던 시간을 되찾는다. 사랑이라는 거대한 진리가 아주 사소한 일상으로 현현할 수 있다는 걸 시인은 이 시를 통해 보여준다. 엄지물만두를 대하는 마음속에 어머니=타자를 대하는 사랑이 깃들어 있다. 무한 경쟁에 물든 사회일수록 사랑이 필요할 수밖에 없다는 걸 시인은 엄지물만두에 얽힌 이야기로 풀어내고 있는 것이다.

더 이상 전화하지 마
이게 마지막이야
문을 닫아야해
가져갈게 있으면 챙겨가
냉동고라도 갖다 써
그나마 아무것도 건드리지 못하게 될 거야
마지막 최선의 선택이니까
이해해달라고 말하지 않을게
이제 나는 신용불량자가 될 것이고
세상과의 단절을 하게 될지 모르지
하루가 이렇게 까만 줄 몰랐어
어제와 오늘이 빨간 딱지 하나로 움직여
나에게 내일이 있다는 건 거짓말
발가벗긴 영혼마저 상실이야
빼앗겨도 억울하진 않아
속이 후련하다고 하면 믿을까
그냥 다 버리고 싶어
이렇게 벼랑 끝으로 내몰려봐

아무생각도 없어져

그렇다면, 다시 돌아가자

—「벼랑 끝으로 부메랑」 전문

벼랑 끝에 선 사람이 있다. 사업을 하다 실패한 모양이다. 빚쟁이들에게 시달리다 지쳐 그는 "마지막 최선의 선택"을 하려고 벼랑 끝으로 간다. 최선의 선택이 죽음이라는 건 두말할 필요가 없다. 신용불량자가 되면 어차피 이 세상을 살아가기 힘들 거라고 그는 생각한다. "하루가 이렇게 까만 줄 몰랐어"라는 대목에 깊은 절망에 빠진 사람의 상황이 드러난다. "어제와 오늘이 빨간 딱지 하나로 움직여/ 나에게 내일이 있다는 건 거짓말"이라고 그는 외치고 있다. 내일이 없는 사람에게 오늘은 과연 무엇일까? 죽음은 그렇게 한 사람의 몸도, 마음도 좀먹어 들어간다. "그냥 다 버리고 싶어"라는 말에서 '무책임'을 찾는 이들도 있겠지만, 그만큼 이 사람은 죽음이 아니면 돌이키기 힘든 절망의 늪에 빠져 있다.

문제는 벼랑 끝으로 내몰린 이 사람의 상황을 개인 문제로만 돌릴 수 없다는 사실에 있다. 자본주의 사회에서는 돈이 없으면 누구나 벼랑 끝으로 내몰린다. 자본이 곧 권력이 되는 사회가 자본주의 사회가 아닌가? 사업을 하다 망한 이 사람이 왜 벼랑 끝에서 깊은 절망을 되씹고 있겠는가? 돈이 있으면 희망이 생기고, 돈이 없으면 절망에 빠진다. 자본주의 사회를 움직이는 이 철칙에 따라 돈이 없는 그는 '당연히' 벼랑 끝으로 가야 한다. 그곳에 가지 않으면 빚쟁이들을 피해 이리저리 도망 다녀야 한다.

사람은 사라지고 빚만 남는다. 벼랑 끝에 '내몰린' 사람을 벼랑 끝으로 '내몰릴' 사람들이 집요하게 쫓는다. 부메랑이다. 지금 누군가에게 벌이는 일은 언제가 우리에게 되돌아온다. 자본주의 사회를 이기적으로 사는 사람들이 그렇다는 것이다.

욕망이 욕망을 낳고, 그 욕망이 또 다른 욕망을 낳는다. 무한 경쟁에 빠진 사람들이 펼치는 욕망의 악순환은 죽음이 아니면 결코 끊어지지 않는다. 죽음이 죽음을 낳는 격이라고나 할까? 이런 상황에서 시인은 벼랑 끝에 내몰린 사람이 내뱉는 한 마디 말에 주목한다. "아무 생각도 없어져"라는 말이다. 절망이 깃든 그 말에 시인은 "그렇다면, 다시 돌아가자"라는 시구를 덧붙인다. 벼랑 끝에 서면 길이 다시 보인다는 것일까? 다만 여기에는 단서가 붙는다. 말 그대로 아무 생각도 하지 말아야 한다는 조건이다. 생각을 욕망으로 바꿔 말해도 좋겠다. 벼랑 끝에 선 자신을 인정하지 않으면 현실로 되돌아가도 소용없다. 여전히 그는 자본주의가 부추기는 욕망에 현혹될 것이기 때문이다. 결국 문제는 욕망에 있는 것이다.

「깨알 가득 유언을 담아놓다」에서 시인은 "내가 죽는 방법들의 기준을" 뚜렷이 밝혀놓고 있다. 그 내용이 무엇인지는 여기서 중요하지 않다. 죽음을 생각하며 삶을 사는 그 마음속에는 이미 욕망과 거리를 두려는 뜻이 내포되어 있기 때문이다. 유언遺言은 자기를 내려놓는 길로 들어서기 위한 방편일 뿐이다. 자기 죽음을 미리 애도하는 사람이 욕망의 악순환에 빠질 이유는 없다. 시인이 벼랑 끝에서 건져 올린 죽음은 이리 보면 새로운 삶을 잉태하는 시적 여정으로 보인다. 그녀는 바로 이 여정 속에서 사랑을 발견한다. 사랑은 타자를 향한 지극한 관심을 의미한다. 김지영과 김지훈 사이에 놓인 그 높은 벽을 그녀는 사랑이라는 오래된 이야기로 허물려고 한다. 벼랑 끝에 죽음이 있고, 사랑이 있다. 언뜻 보면 아주 다른 그 둘을 하나로 만드는 곳에 오영미 시가 자리하고 있다. 죽음과 사랑 사이에서 우리네 삶이 이루어지고 있다는 걸 그녀가 쓴 시는 분명히 보여주고 있는 것이다.

오영미 시집

벼랑 끝으로 부메랑

발　　행　2018년 6월 10일
지 은 이　오영미
펴 낸 이　반송림
편집디자인　김지호
펴 낸 곳　도서출판 지혜
　　　　　계간시전문지 애지
기획위원　반경환 이형권 황정산
주　　소　34624 대전광역시 동구 선화로 203-1, 2층 도서출판 지혜 (삼성동)
전　　화　042-625-1140
팩　　스　042-627-1140
전자우편　ejisarang@hanmail.net
애지카페　cafe.daum.net/ejiliterature

ISBN : 979-11-5728-280-7 03810
값 10,000원

※ 이 책은 충청남도, 충남문화재단에서 사업비 일부를 지원받아 발간되었습니다.